THIS BOOK BELONGS TO :

_____

_____

_____

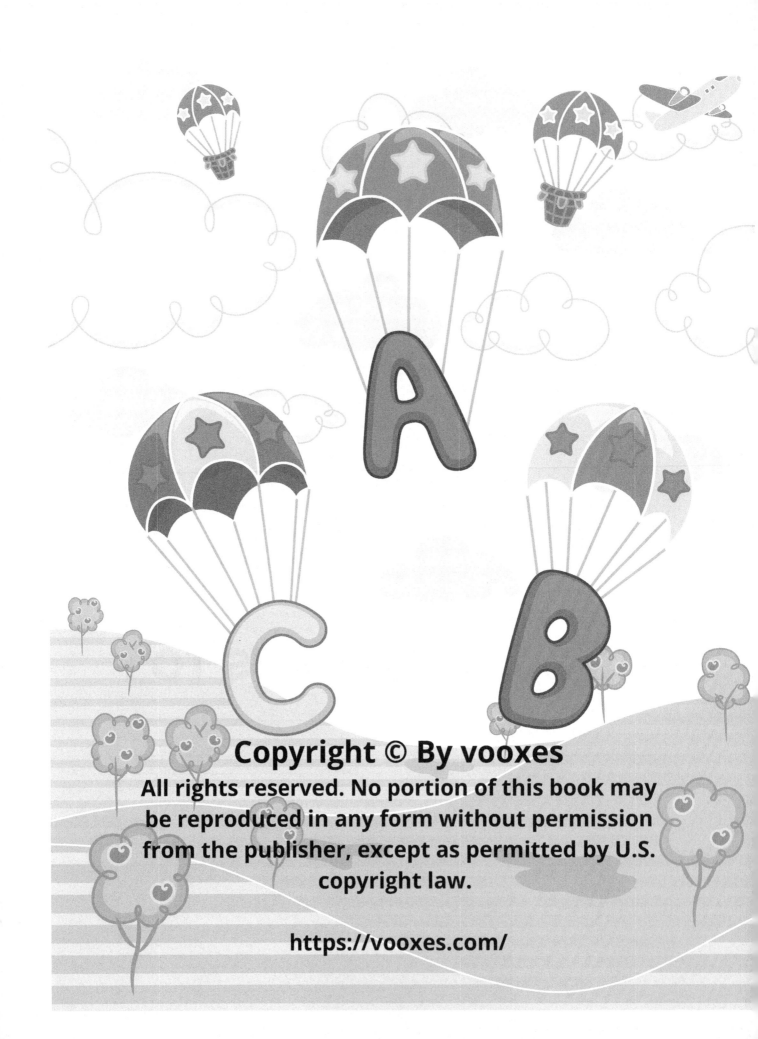

B B B B B B

B B B B B B

B B B B B B

B B B B B B

B B B B B B

B B B B B B

B B B B B B

B B B B B B

B B B B B B

b b b b b b b

b b b b b b b

b b b b b b b

b b b b b b b

b b b b b b b

b b b b b b b

b b b b b b b

b b b b b b b

b b b b b b b

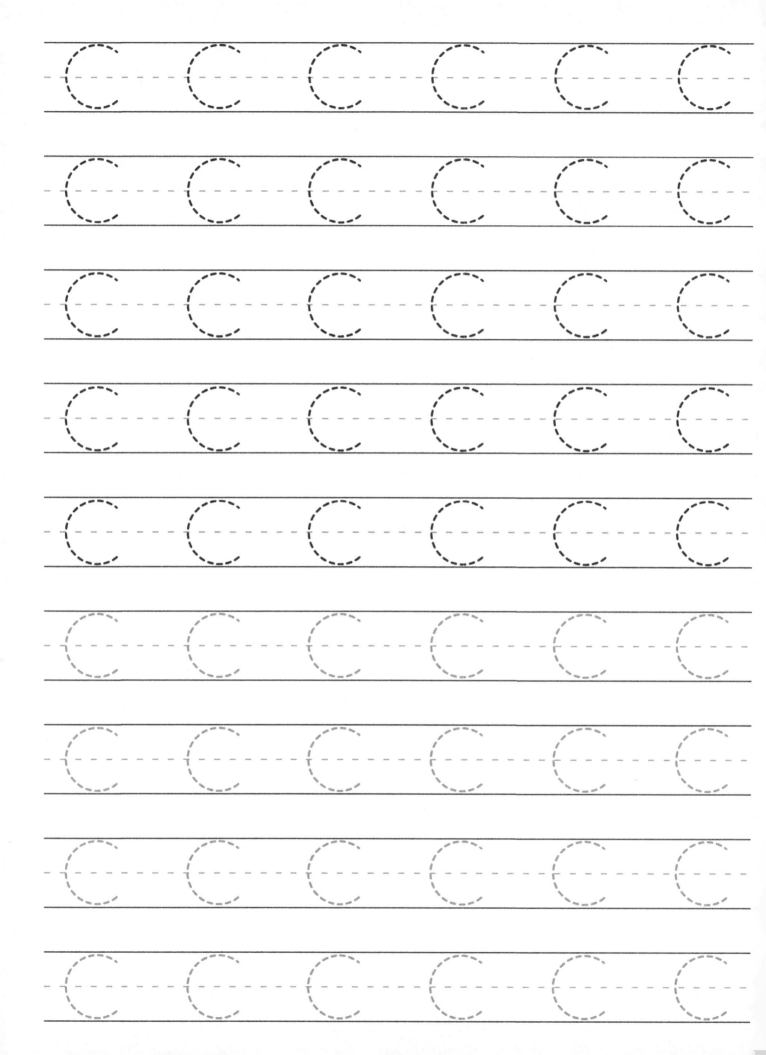

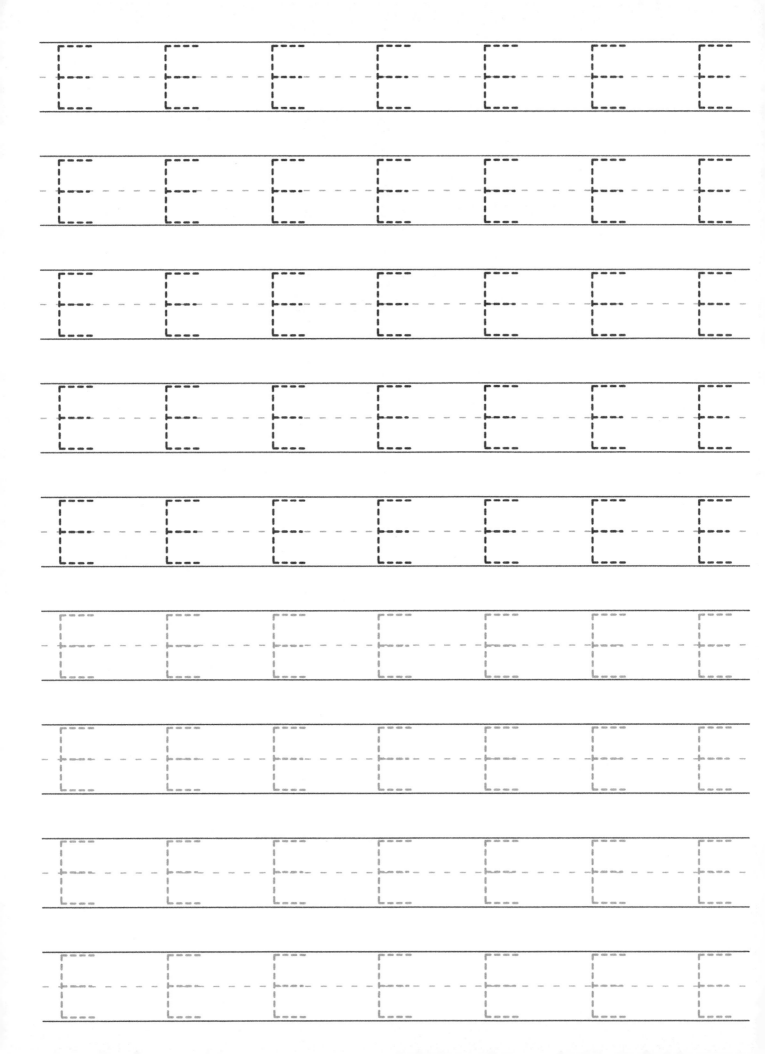

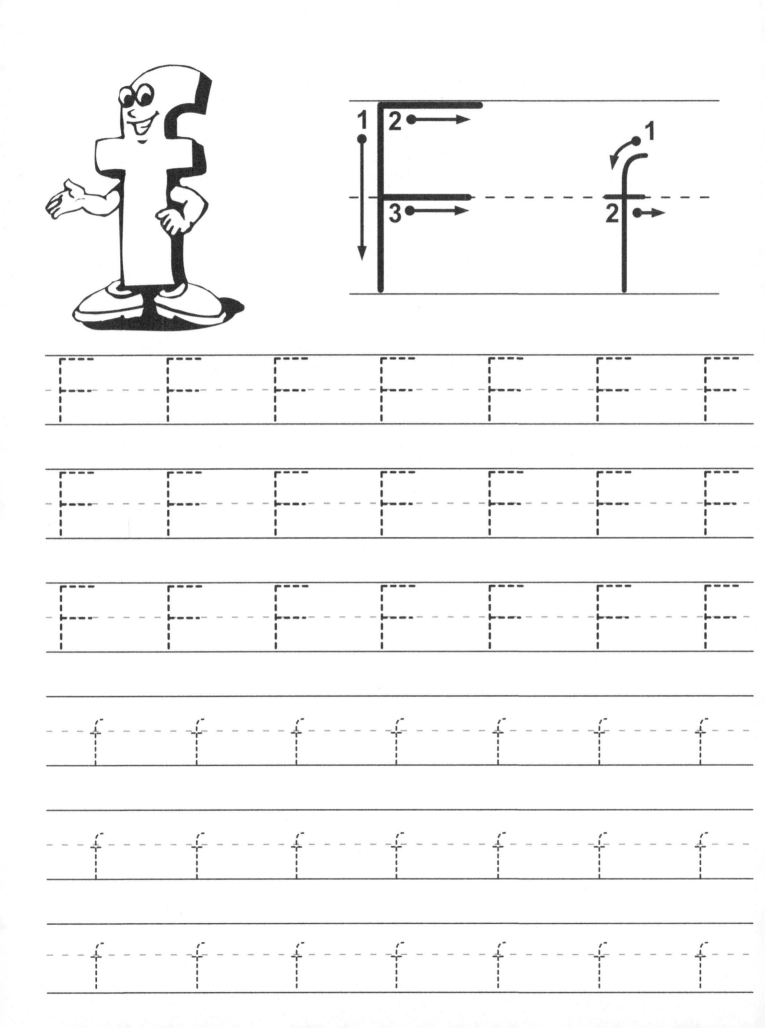

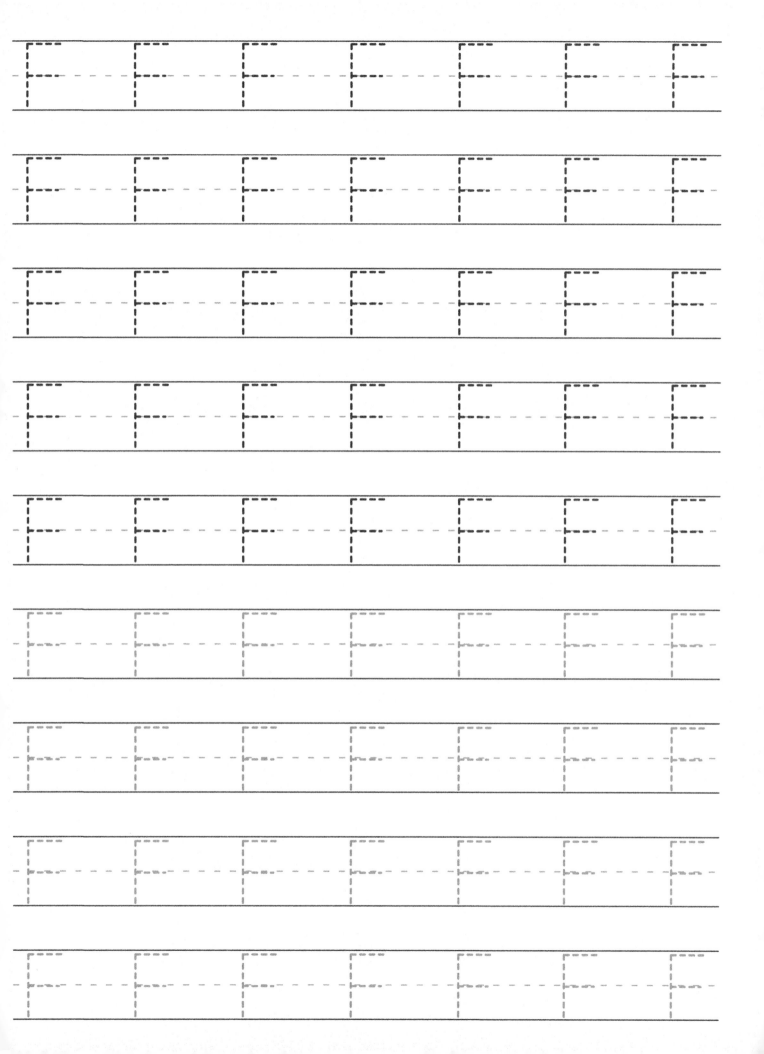

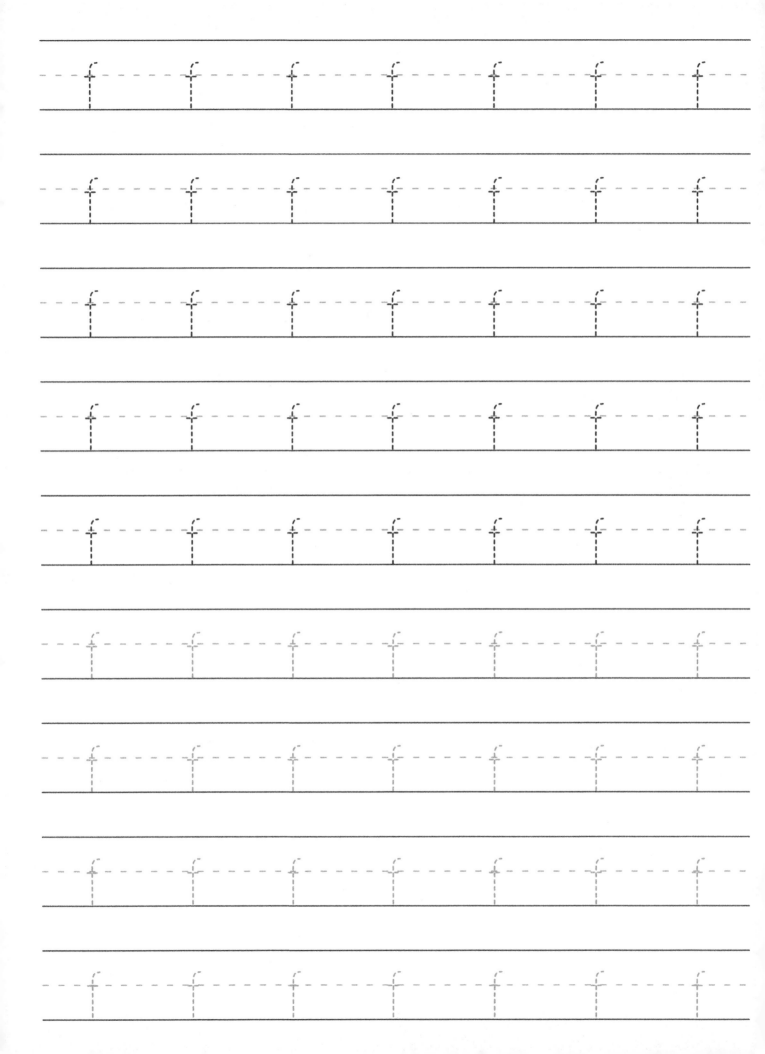

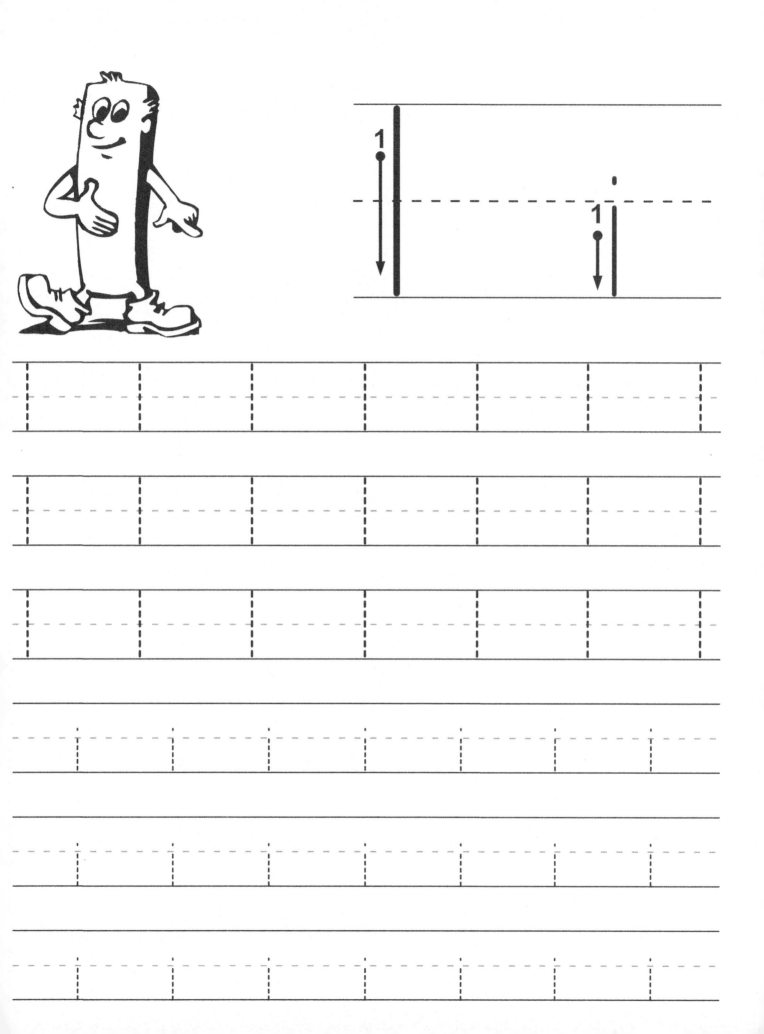

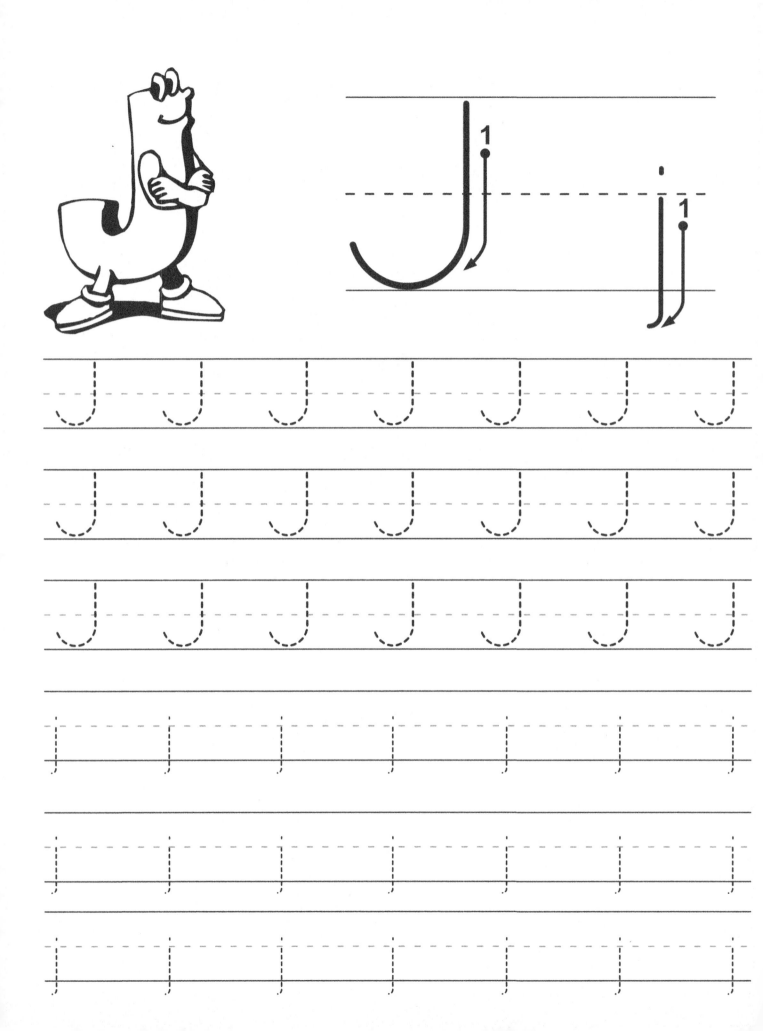

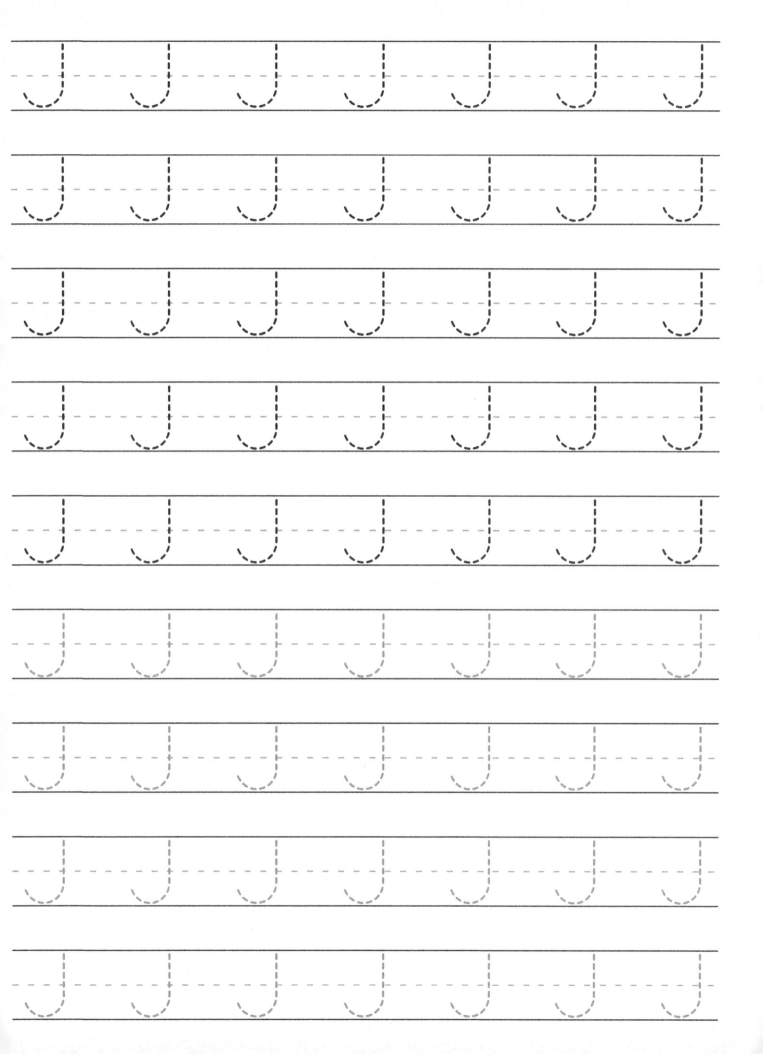

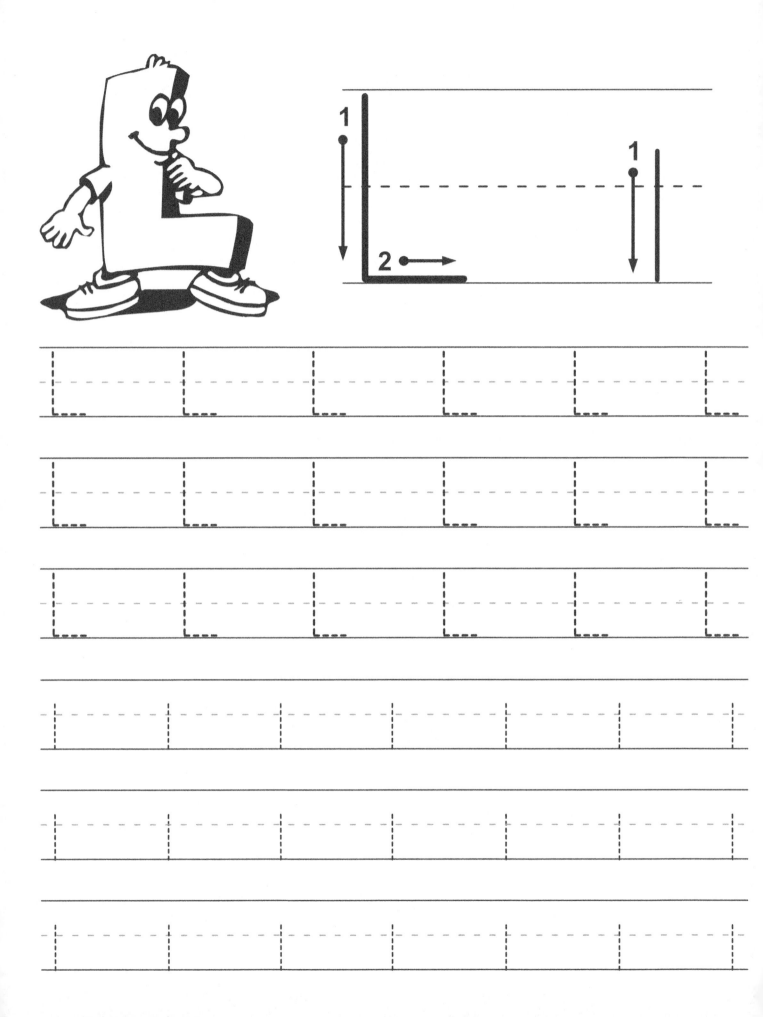

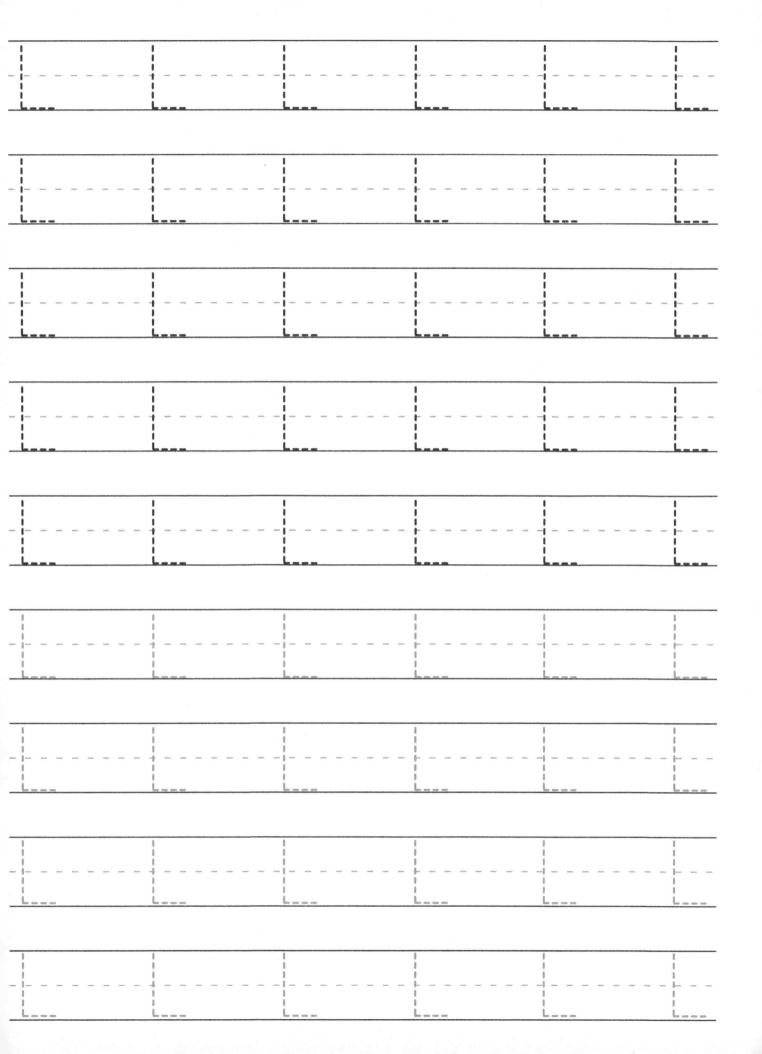

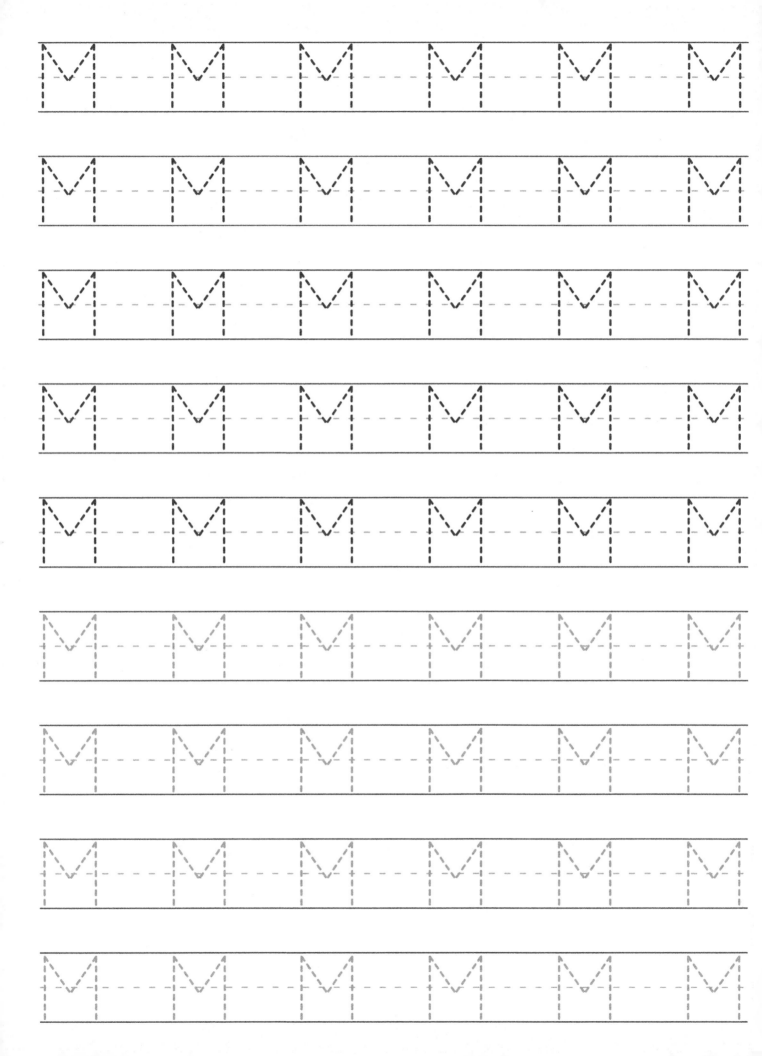

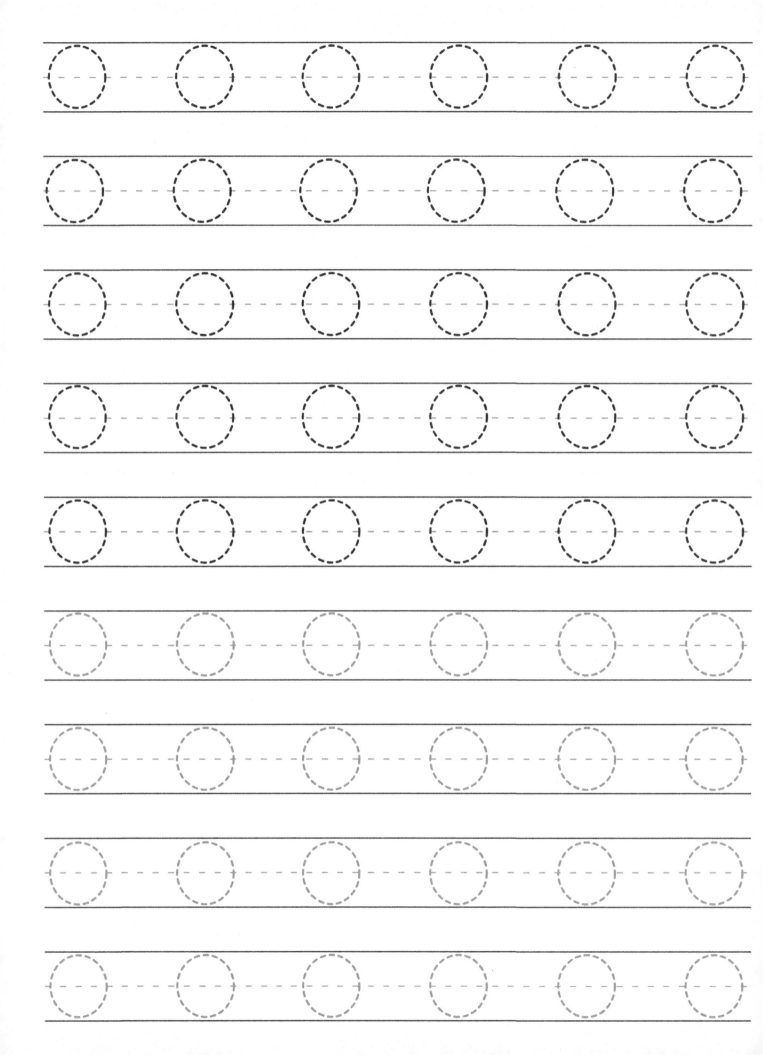

P P P P P P

P P P P P P

P P P P P P

P P P P P P

P P P P P P

P P P P P P

P P P P P P

P P P P P P

P P P P P P

p p p p p p p

p p p p p p p

p p p p p p p

p p p p p p p

p p p p p p p

p p p p p p p

p p p p p p p

p p p p p p p

p p p p p p p

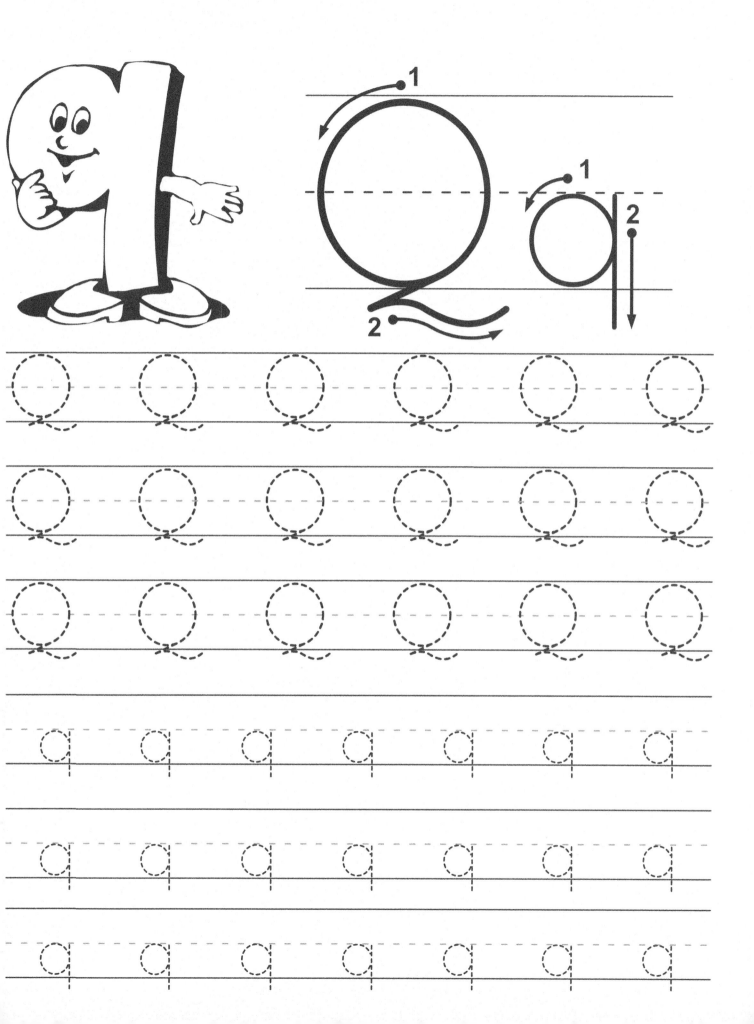

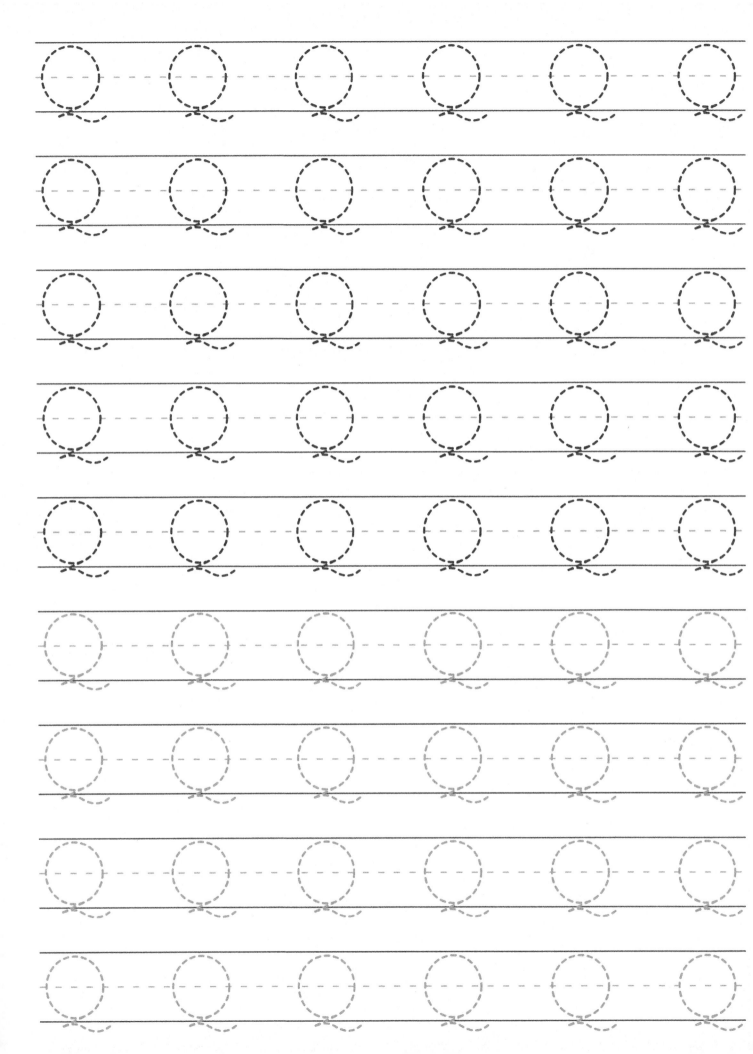

R R R R R R

R R R R R R

R R R R R R

R R R R R R

R R R R R R

R R R R R R

R R R R R R

R R R R R R

R R R R R R

S S S S S S S

S S S S S S S

S S S S S S S

S S S S S S S

S S S S S S S

S S S S S S S

S S S S S S S

S S S S S S S

S S S S S S S

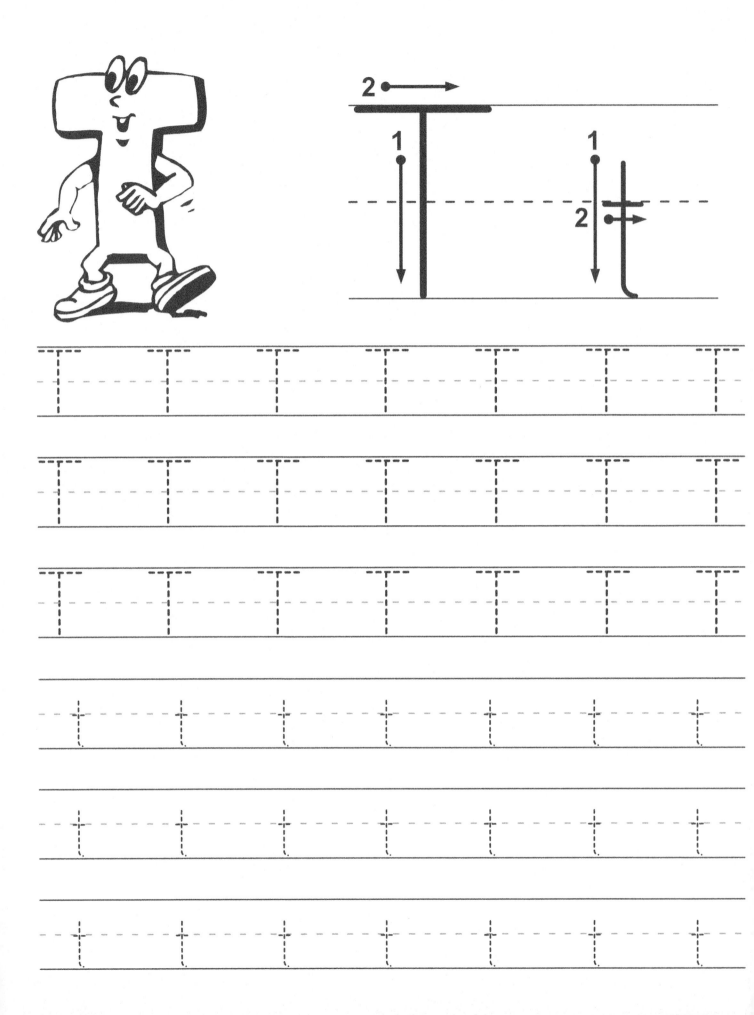

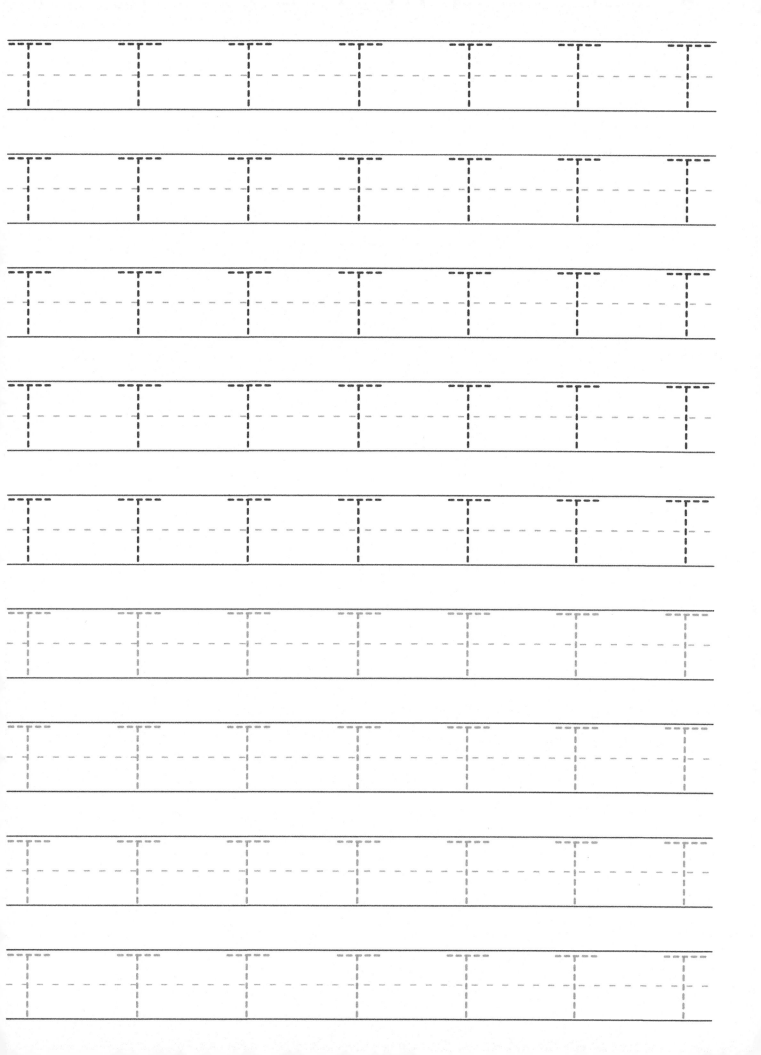

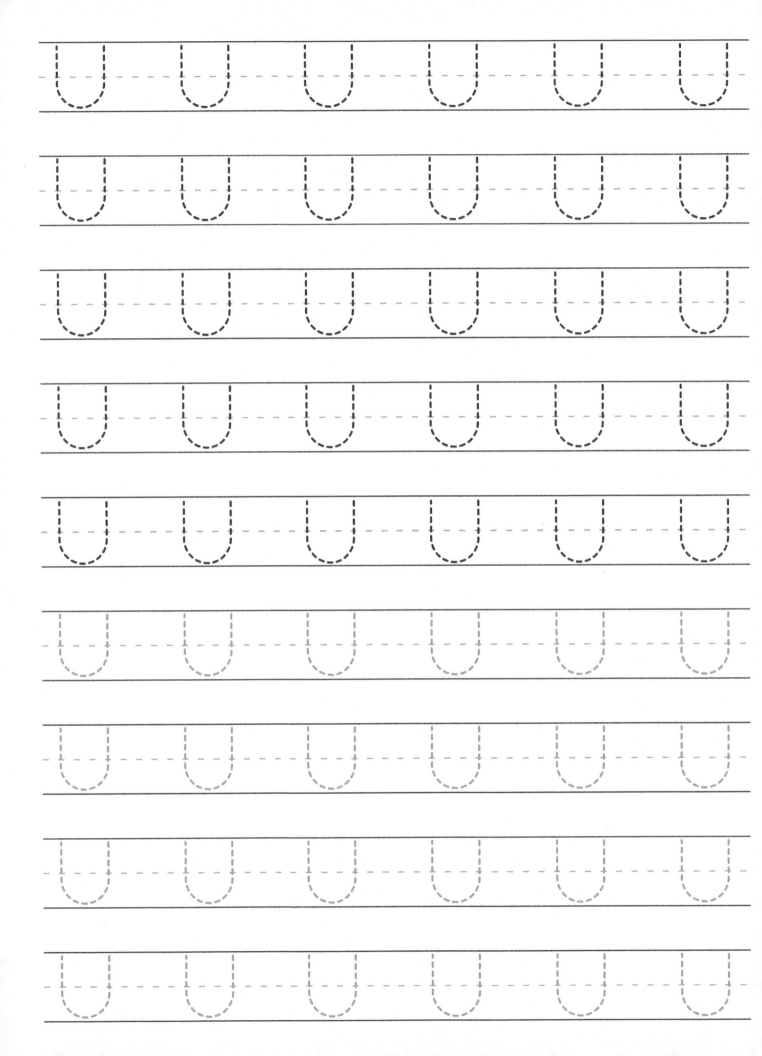

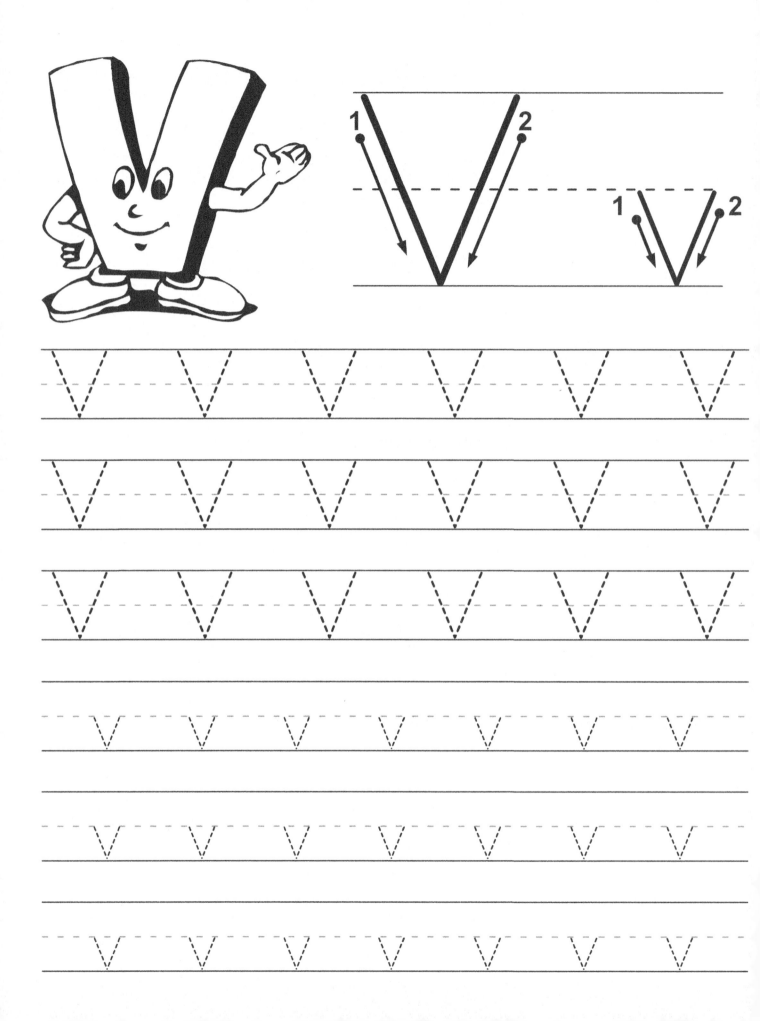

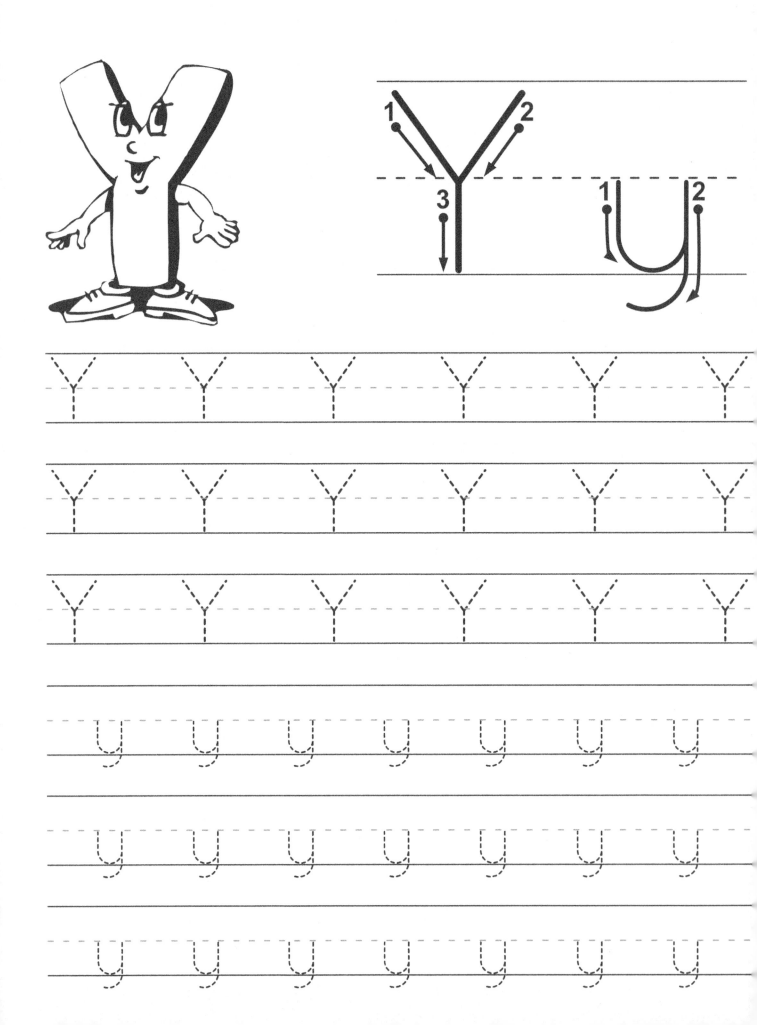

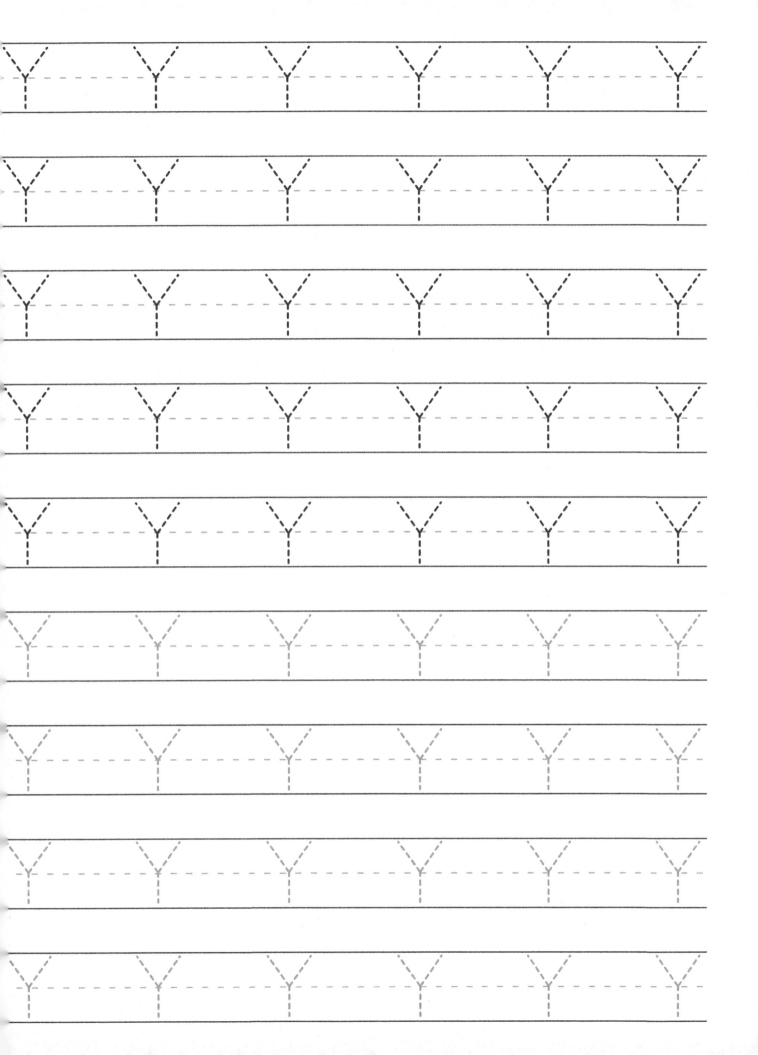

Made in the USA
Las Vegas, NV
17 March 2022

45827789R00057